Este libro pertenece a:

....

Escrito por Stephanie Moss y Melanie Joyce

Diseño tapa por Alice Dainty
Diseño interior por Amy Bradford
Editado por Hannah Campling

Cuentos de Aventura

Quiero ser
Bombero

Quiero ser bombero y usar un sombrero amarillo **brillante.**

Respondería a todas las **emergencias** con mi fiel gato bombero.

Cuando hay un **incendio**, recibiré una llamada y seré **rápido** como un flash.

Yo apagaría todas las **llamas** con agua ...

Cuando llueva, correría para **rescatar** a los conductores que estan **atascados.**

Los sacaría del barro **blando** con la cuerda atada a mi camión.

Saltaría a mi camión de bomberos y estaríamos en camino.

Realmente sería **divertido** ser **bombero**, algún día.

Quiero Ser Pirata

Quiero ser un **pirata**
Realmente sería **divertido.**

Navegaría mi barco a través de alta mar hacia el sol **dorado.**

Tendría un **loro** como mi mascota
y una tripulación de veinte hombres.

Dirigiría mi nave a tierras **misteriosas**
y volvería a **navegar**.

Encontraríamos un **mapa** dentro de una **botella** y lo seguiríamos.

Mostraría dónde está enterrado
el **tesoro**, debajo de la arena.

Mi tripulación y yo buscaríamos un cofre del tesoro **brillante.**

Luego regresaríamos al barco para la siguiente emocionante **búsqueda.**

Quiero ser
Conductor de Tren

Quiero ser un conductor de **tren** y recorrer las **vías**.

Llevaría gente en sus **viajes**
y luego los traería de vuelta.

El tren se deslizará por campos **soleados**, llenos de vacas y ovejas.

Los niños en el tren sonreirán al ver
saltar a los corderos esponjosos.

Cuando lleguemos a la estación final, el silbato sonará ...

La gente **bajará** del tren, me saludará y dirá: **"¡Gracias!"**